Les
Photo=Bijoux

Par

H. QUENTIN

PARIS

—

CHARLES-MENDEL, Editeur

BIBLIOTHÈQUE DE LA PHOTO-REVUE

LES
PHOTO-BIJOUX

MATÉRIEL ET PROCÉDÉS EMPLOYÉS
POUR L'EXÉCUTION DES BIJOUX PHOTOGRAPHIQUES
MÉDAILLONS, BROCHES, BOUTONS, ÉPINGLES, ETC.

Par H. QUENTIN

PARIS

CHARLES MENDEL, Éditeur

118 ET 118 *bis*, RUE D'ASSAS

Le travail qui suit
est extrait
de
PHOTO-REVUE
Journal hebdomadaire
de
PHOTOGRAPHIE PRATIQUE

8 francs par an.

ÉMAUX ET SIMILI-ÉMAUX

L'application des procédés photographiques à l'ornementation des bijoux est déjà ancienne. Les arts indus-
triels, on le sait, font une consommation considérable
d'émaux peints que l'on enchâsse dans des bracelets,
des bagues, des broches, etc. A ces peintures toujours
coûteuses, et souvent détestables, la photographie est
venue substituer des reproductions monochromes ou
colorées, qui luttent d'éclat avec les anciens bijoux, et
qui l'emportent sur eux tant par la perfection du dessin
que par la modicité des prix.

L'exécution des émaux photographiques, qui a atteint
ces dernières années un degré de perfection qui ne
saurait être surpassé, exige cependant, de la part de
l'opérateur, des tours de main trop délicats, une
connaissance trop parfaite de la peinture céramique
pour que ce procédé soit jamais à la portée de tous les
amateurs ou professionnels.

Aussi, à côté de l'émail photographique proprement
dit a pris naissance et s'est développé avec une rapidité
qui tient du prodige, le simili-émail qui, pour les
personnes non prévenues, a tout l'aspect de l'émail
véritable.

C'est du continent américain surtout que nous sont
venues et la vogue des photo-bijoux, et les machines

nécessaires à leur confection. Le bijou photographique a pris aux États-Unis le même développement que chez nous la carte postale illustrée.

Lors de la guerre hispano-américaine, c'est par millions que furent vendus les bijoux : épingles, broches, boutons, etc., portant l'effigie du vainqueur de Santiago. Dans les réunions électorales, chaque électeur porte comme signe de ralliement le portrait de son candidat favori. Les candidats eux-mêmes font distribuer ces portraits montés sur épingles ou boutons, comme chez nous la banale et toujours la même profession de foi.

En France, sans avoir atteint encore cette popularité, les bijoux photographiques n'en jouissent pas moins d'une vogue toujours croissante, et si le procédé est resté uniquement le domaine des professionnels, de quelques professionnels devrais-je dire, c'est faute aux amateurs de connaître la simplicité extrême de la fabrication des bijoux photographiques.

C'est en vue de mettre à la portée de tous les adeptes de la Photographie cette intéressante branche de notre art que je consigne dans cette étude les notes relatives aux différents procédés employés dans la fabrication des bijoux photographiques et principalement au procédé simili-émail.

Bien que le procédé photo-céramique proprement dit ne soit employé que par de rares experts, j'ai cru devoir donner un résumé des différentes manipulations qui conduisent à l'obtention d'une image vitrifiée inaltérable. Je me suis attaché particulièrement aux détails du développement par saupoudrage ; en ce qui concerne la cuisson de l'émail, les conditions varient suivant l'oxyde métallique employé pour la formation de l'image, et mon plan a été de rester dans la généralité. Le lecteur que ce procédé intéresserait et qui voudrait plus de détails concernant la cuisson des émaux pourra se reporter au *Traité de Photographie vitrifiée* de M. René d'Héliécourt.

Le procédé simili-émail est le plus communément employé pour la confection des broches, épingles, etc. ; il mériterait d'être plus connu, car il offre pour le photographe une source sérieuse de bénéfices, et entre les mains de l'amateur, il peut se prêter à l'exécution d'une foule de fantaisies.

Rien n'est plus banal que ces épreuves que tout amateur est tenu d'offrir à ses amis... Par l'application des épreuves sur une simple feuille de celluloïd, il pourra offrir une épreuve ayant un réel cachet d'originalité, et peut-être dans ces conditions trouvera-t-elle grâce devant la critique.

LES ÉMAUX PHOTOGRAPHIQUES

Les images photographiques employées en bijoute-
rie, nous l'avons déjà dit, sont de deux sortes : les
émaux véritables et les simili-émaux ; les premiers
formés par la fusion d'oxydes métalliques incorporés
à une couche sensible ou impressionnée, les seconds
par l'application entre une feuille de celluloïd, remplaçant le fondant des émaux, et une plaque de cuivre
ou de zinc d'une image photographique ordinaire.

Mon intention n'est pas de donner ici un traité de
photocéramique, l'étude approfondie de la question me
mènerait trop loin et je ne pourrais que répéter ce qui
à été dit par M. René d'Héliécourt dans son *Traité de
Photographie vitrifiée* (1).

Je me bornerai donc à exposer les principes du procédé, et à donner quelques détails d'exécution qui suf-
firont au lecteur pour l'essayer avec succès.

C'est à M. Lafon de Camarsac qu'est due la découverte des émaux photographiques ; c'est du moins de
lui qu'émane, sous forme de mémoire accompagnant
un Brevet d'invention, le premier manuscrit officiel
relatif au procédé ; c'est dans le texte de ce brevet que
se trouve exposé très nettement le principe sur lequel

(1) *La Photographie vitrifiée mise à la portée des Amateurs :*
Procédés complets pour l'exécution, la mise en couleur et la
cuisson des émaux photographiques, etc. — Ch. Mendel, éditeur.

se base la photographie vitrifiée. Mais si Lafon de Camarsac a eu l'incontestable mérite de consacrer sa carrière à l'application spéciale de ce procédé héliographique, c'est à Poitevin que nous devons la découverte du principe même de la Photocéramique.

Ce procédé repose en effet sur la modification de substances hygroscopiques (sucre, miel, glucose, gélatine, etc.) une fois soumises à l'action de bicarbonates ou de bichromates alcalins insolés. Cette action les rend plus ou moins solubles, c'est à dire plus ou moins pénétrables à l'eau et partant à l'humidité de l'atmosphère ambiante dans laquelle elles se trouvent. Les parties fortement insolées repoussent toute trace d'humidité ; les parties non insolées au contraire absorbent l'eau comme avant l'immersion dans le bain alcalin.

Si on expose une plaque recouverte d'une solution de gomme ou autre substance analogue sensibilisée dans un bain de bichromate ou de bicarbonate, sous un cliché positif, les parties correspondant aux clairs du cliché seront plus ou moins insolubilisées suivant le degré de transparence de l'écran interposé et perdront plus ou moins leurs propriétés hygroscopiques, c'est-à-dire qu'elles absorberont plus ou moins l'humidité de l'atmosphère ambiante suivant le degré d'insolation.

L'action de la lumière a formé dans la couche mucilagineuse une image invisible dans les conditions ordinaires, mais qu'une opération très simple fera apparaître dans tous ses détails. En projetant à la surface de la plaque insolée une poudre impalpable, soit avec un blaireau, soit avec une touffe de ouate, la poudre adhère à toutes les parties de la couche qui n'ont pas été insolées, et l'image se développe avec tous ses détails et la gradation parfaite des teintes.

Mais cette image est de par sa nature excessivement fragile et le moindre frottement la détruirait. Pour lui donner une stabilité provisoire, on recouvre la plaque développée par saupoudrage d'une couche de collodion normal, c'est-à-dire ne contenant aucun sel d'argent, ni produit étranger. L'évaporation laisse sur l'image une pellicule transparente qui protège l'image et permet de détacher la couche mucilagineuse de son support provisoire et de la reporter sur une plaque de cuivre destinée à recevoir l'image définitive. Cette plaque est ensuite recouverte d'une substance spéciale dite *fondant* et qui n'est autre chose qu'une poudre de verre très fusible, puis soumise à l'action de la chaleur du four à émail. La température élevée du moufle détruit toutes les matières organiques, et il ne reste que l'image recouverte de la couche de fondant vitrifiée.

Telle est dans ses grandes lignes la pratique du procédé photocéramique. Ne voulant pas m'attarder sur cette partie qui fait l'objet d'un traité spécial, je ne ferai que décrire sommairement le mode opératoire.

On prend une plaque de verre parfaitement propre : un lavage alcalin et un léger polissage au talc lui donneront la qualité requise. La solution impressionnable est étendue à la surface en couche parfaitement uniforme : pour arriver à ce résultat, on verse la solution au milieu de la glace et on incline celle-ci dans tous les sens pour étendre le mucilage, ou bien on prend la glace avec une ventouse, on l'incline légèrement et on verse la solution en haut de la glace en recueillant l'excès de liquide par un coin de la glace.

Quant à la composition de la solution impressionnable, nous donnons ici quelques formules entre cent :

Formule Garnier

Sucre candi	2 gr.
Bichromate d'ammoniaque.	1 —
Eau	14 cm³

Formule Réal

Sensibilisateur en trois solutions à mélanger au moment de l'emploi :

A. Albumine	24	parties
Eau	32	—
B. Bichromate d'ammoniaque	4	—
Sucre pur	10	—
Eau	48	—
C. Acide chromique	1	—
Eau	8	—
Ammoniaque	1.5	—

Formule Fleick

Eau	100 cm³
Bichromate d'ammoniaque	3 gr.

Ajouter de l'ammoniaque goutte à goutte pour amener la solution à la couleur jaune serin et ajouter :

Colle de poisson clarifiée	30 gr.
Albumine	3 —

Laisser reposer et filtrer. Cette solution se conserve 2 à 3 mois.

Formule Le Page

Bichromate d'ammoniaque cristallisé	9 gr.
Eau pure	150 cm³
Albumine	30 gr.
Colle « Le Page » pour photogravure	150 —

En hiver, augmenter la quantité de bichromate.

Formule Henry

A. Eau	100 cm³
Dextrine	4 gr.
Albumine sèche	8 —
Miel	5 —
Glucose liquide	10 —
B. Solution saturée à froid de bichromate de potasse.	

Une remarque s'impose au sujet de l'albumine qui entre dans la composition de plusieurs de ces formules: l'albumine donne une couche beaucoup plus sèche, mais plus grande est la quantité d'albumine et plus dures sont les images, à tel point que si la quantité d'albumine dépasse une certaine limite, l'image ne se développera pas dans les ombres. Pour nous servir d'une comparaison, l'albumine joue ici le même rôle que le bromure de potassium dans le développement des émulsions au gélatino-bromure.

Ces formules sont d'un emploi courant dans le procédé de photogravure dit par saupoudrage et plus connu en Angleterre et aux États-Unis sous le nom de « Dry Enamel Process ».

La plaque, recouverte d'une de ces solutions, est mise à sécher à l'abri de la lumière ; comme il est nécessaire que la dessication s'opère le plus rapidement possible, on pourra la placer au-dessus d'une source de chaleur quelconque, pourvu que la température ne dépasse pas 50°.

La plaque une fois sèche est immédiatement mise au châssis-presse et exposée sous un cliché positif obtenu par tirage par contact sous un négatif ordinaire. Le temps de pose varie de 2 à 10 minutes suivant l'intensité de la lumière et l'état hygrométrique de l'atmosphère : par temps humide ou pluvieux, la pose devra être considérablement prolongée.

Au sortir du châssis, la plaque est laissée quelques instants dans le laboratoire éclairé à la lumière jaune afin de permettre à la couche bichromatée d'absorber l'humidité nécessaire à l'adhérence de la poudre qui sert au développement. Dans l'état actuel, la plaque de verre laisse voir une image à peine perceptible au jour frisant. Mais si on projette à la surface de la plaque une poudre colorée finement broyée, un oxyde métallique dans le cas qui nous occupe, la poudre adhère à toutes les parties non insolées de la plaque, dessinant ainsi l'image avec une grande finesse. L'oxyde métallique est appliqué à la surface de l'épreuve, soit avec un tamis, soit avec un blaireau ou simplement un tampon de ouate. Si l'image ne prenait pas l'intensité voulue, il suffirait de projeter légèrement l'haleine sur la plaque pour aider à l'adhérence de l'oxyde métallique ; il faut toutefois n'user de ce procédé qu'à la dernière extrémité sous peine d'avoir une image empâtée.

Le procédé par saupoudrage est extrêmement délicat en ce sens qu'il est sujet à subir l'influence des changements de température et surtout des modifications de l'état hygrométrique de l'atmosphère. Pour le praticien qui veut faire un usage constant du procédé par saupoudrage, il y a tout intérêt à travailler toujours dans les mêmes conditions de température et d'hygrométrie. La poudre colorante n'adhère à la surface du colloïde bichromaté en effet, qu'à la condition que le colloïde ait absorbé une certaine humidité ; or par les temps très secs, on attendrait en vain ce résultat et on serait forcé de recourir au procédé indiqué plus haut et qui présente l'inconvénient d'être trop brutal.

L'installation d'un laboratoire spécial ne serait pas inutile : le laboratoire obscur ordinaire peut du reste très bien servir si ses dimensions ne sont pas trop grandes. La seule modification à y apporter sera l'adaptation d'un dispositif destiné à entretenir dans le laboratoire une humidité constante. Dans le voisinage immédiat du cabinet noir, on établit un bouilleur formé en la circonstance d'un simple bidon à huile aux 2/3 rempli d'eau. Au bec du bidon on fixe un tube souple en caoutchouc dont on introduit l'extrémité dans le laboratoire par une ouverture pratiquée dans la paroi. Le bouilleur est placé sur un réchaud à gaz ou à alcool. La vapeur d'eau ne tarde pas à s'échapper par le tube à l'intérieur du laboratoire. Un hygromètre à cadran indique le degré d'humidité de l'atmosphère dans laquelle on travaille. Il est bon cependant de ne pas laisser pénétrer la vapeur d'une façon continue : au bout de quelques instants, on sort l'extrémité du tube par une seconde ouverture latérale : l'hygromètre continue de tomber ; s'il s'arrêtait avant le degré voulu. on laisserait de nouveau pénétrer la vapeur. Il est préférable de faire pénétrer graduellement l'humidité dans le laboratoire : le développement est de cette façon beaucoup plus régulier.

Les insuccès cependant peuvent être dus à une autre cause que celle dont nous venons de parler. Des accidents peuvent se produire avant le développement et en particulier au cours du tirage. Il arrive fréquemment, et c'est là une des principales causes d'insuccès. que le cliché négatif adhère à la plaque bichromatée lorsqu'on veut la sortir du châssis. Cet accident peut être attribué à ce que la plaque n'aura pas été suffisamment séchée. Pour éviter cet accident, il existe plusieurs remèdes : le premier consiste à chauffer la glace forte du châssis, le cliché et la plaque, avant l'impression. Cette précaution du reste ne sera jamais inutile, car elle assurera l'obtention d'épreuves plus brillantes. Le second consiste à recouvrir le négatif d'une couche d'albumine ou de colle de poisson sur laquelle on étend ensuite une couche de collodion normal. On propose encore d'enduire le négatif d'une légère couche d'huile de castor ou de marsouin ; enfin de couler à la surface du négatif une dissolution de paraffine dissoute dans la benzine et un dernier remède, qui n'est à conseiller qu'aux personnes très habiles, consiste à passer rapidement la plaque bichromatée à la lumière du jour, ou à celle d'une lampe à arc, avant l'exposition.

En dehors des images vitrifiables, le procédé par saupoudrage est susceptible de fournir des résultats si variés que j'ai cru devoir m'attarder sur ce sujet. Il est une foule de fantaisies photographiques en effet que cette méthode permet aux amateurs d'exécuter. En remplaçant les oxydes métalliques par une poudre phosphorescente comme le phosphore de Bologne, par exemple, on obtiendra des images à peine perceptibles le jour et qui, la nuit, se détachent en traits lumineux dans l'obscurité ; on pourra de même employer les poudres d'or et d'argent.

Mais je reviens à mon sujet : l'image photographique développée par saupoudrage avec un oxyde métallique fusible est excessivement fragile : or nous avons à lui faire subir encore plusieurs manipulations ; nous devons d'abord débarrasser le colloïde du bichromate non isolé, puis reporter cette image sur la plaque émaillée qui doit lui servir de support définitif. Ces diverses manipulations ne pourraient se faire sans grands risques pour l'image, telle qu'elle se présente actuellement. Nous lui donnerons une stabilité provisoire suffisante en la recouvrant d'une couche de collodion.

Le collodionnage se fait comme pour la pellicularisation d'un cliché : on emploie une solution de collodion normal dont on recouvre uniformément toute la plaque. Dès que le collodion fait prise, on incise la couche sur tout le pourtour et près des bords de la plaque, puis on plonge le tout dans une solution très étendue d'acide chlorhydrique. L'acide décompose le bichromate et détache en même temps l'image de son support. Au bout de quelques instants, cette image flotte dans la cuvette sous forme de pellicule. Elle doit être lavée dans trois ou quatre eaux successives, reportée sur la plaque émaillée, et séchée.

L'épreuve est à ce moment prête pour la cuisson : on la porte au moufle et on élève la température de façon à détruire le collodion, puis la température est élevée pour provoquer la fusion des oxydes qui entrent dans la composition de l'image. Pour donner à l'épreuve un aspect brillant, on la recouvre d'une couche de *fondant*, et elle est de nouveau portée au four : elle en sortira cette fois avec cet aspect séduisant des émaux photographiques.

Je ne veux pas entrer dans les détails de coloriage des émaux : c'est tout un traité de céramique qu'il me faudrait faire ; je me bornerai à dire que le coloriage se fait au moyen d'oxydes fusibles appliqués après la première cuisson, l'application de chaque nouvelle teinte demande une nouvelle cuisson et l'opération se termine par l'application du fondant.

L'image vitrifiée est prête dès lors pour sa dernière toilette : le montage en broches, épingles, bracelets, etc., ne demande aucun soin particulier : l'émail est tout simplement serti dans sa monture soit à l'aide de griffes ménagées dans la monture, soit encore, mais plus rarement, par emboutissage.

ÉMAUX ET SIMILI-ÉMAUX

Le procédé photocéramique possède de multiples
avantages sur les procédés photographiques ordinaires ;
l'inaltérabilité absolue des émaux a pour beaucoup
contribué à son succès, comme aussi l'engouement qui
se produit pour toute chose nouvelle.

Mais si la théorie du procédé est simple en apparence,
la pratique n'en laisse pas moins que d'être *excessivement* délicate, et elle exige de la part de l'opérateur
une patience et une minutie qui ne sont pas toujours le
lot de l'amateur photographe.

De plus, l'exécution des émaux photographiques
demande un temps assez considérable, et, sauf pour la
cuisson, il est impossible de s'occuper de plusieurs
épreuves à la fois. Dans ces conditions, à moins d'avoir
une installation spéciale, le procédé photocéramique
devient impraticable dès qu'il s'agit d'obtenir un nombre
considérable d'exemplaires d'une même photographie.

Le simili-émail vient ici en aide au praticien en lui
permettant d'obtenir rapidement, ce qui est souvent la
condition indispensable pour tirer profit d'une affaire,
et à un prix de revient des plus minimes, un nombre
illimité de simili-émaux qui, montés en broches,
boutons, épingles, etc., ressemblent à s'y méprendre à
l'émail photographique véritable.

Le simili-émail, nous l'avons déjà vu, est formé par
l'application d'une photographie sur une feuille de cel-

luloïd transparent qui remplace ici le fondant de l'émail
et protège l'image. Un fond métallique en cuivre, en zinc
ou en acier maintient la rigidité de l'image et permet
de la sertir ou de l'emboutir dans la monture spéciale,
broche, épingle, etc.

Les procédés varient un peu suivant qu'ils sont pra-
tiqués par les professionnels ou les amateurs, mais les
différentes phases de la confection du simili-émail sont
toujours les mêmes, et il n'y a pas lieu de faire de dis-
tinction entre les procédés d'amateurs et les procédés
des professionnels ; l'outillage seul varie nous le
verrons plus loin.

Format des simili-émaux. — Le format des simili-
émaux peut varier et varie effectivement suivant l'usage
auquel on les destine.

Les dimensions courantes sont de 22, 30, 36, 40, 50,
60, 70 et 90 lignes anglaises (1). C'est à ce format que
correspondent les machines et montures que l'on trouve
dans le commerce.

Il est excessivement rare qu'on ait à employer pour
obtenir une épreuve de ce format, un négatif direct ;
la plupart du temps on a comme document une photographie visite, 9 × 12 ou album. La première des opérations consiste donc à obtenir un négatif dont le format corresponde aux dimensions de la photocopie
définitive.

Quand il s'agit d'obtenir simplement trois ou quatre
épreuves d'un même sujet, on peut employer, pour la
réduction, une chambre d'atelier ou tout simplement
une chambre touriste. Même pour les forts tirages, on
peut recourir à ce moyen et tirer une série de négatifs
au format voulu qui permettront d'obtenir rapidement

(1) La ligne anglaise correspond approximativement à 2 milli-
mètres.

par l'exposition simultanée de plusieurs châssis-presses,
un nombre assez élevé d'images positives.

Mais cette manière d'opérer présente plusieurs in-
convénients : la manipulation d'épreuves de format réduit est toujours fastidieuse, et ici les opérations de
développement, fixage, tirage, virage, etc. se trouvent
devoir être répétées pour chaque épreuve positive ;

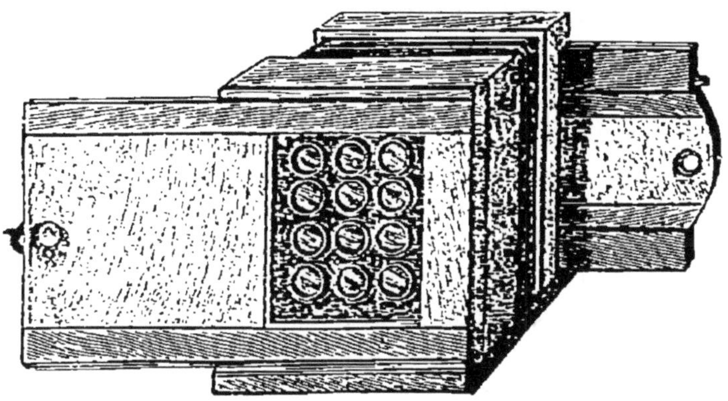

Appareil « Timbre Poste » à objectifs multiples.

aussi dans la pratique a-t-on recours à un autre moyen,
qui consiste à tirer sur une même plaque 9 ou 12 négatifs et à en tirer ensuite des planches positives. Les
opérations se trouvent de la sorte extrêmement simpli-
fiées et on a la certitude d'avoir des images ayant toutes
la même valeur.

On peut de plusieurs façons obtenir les séries de négatifs, soit en employant les châssis multiplicateurs ou
les multiplicateurs en carton, soit en employant pour
cette reproduction un appareil du modèle connu sous
le nom d'appareil timbre-poste.

Pour les châssis multiplicateurs, l'usage en est assez
limité à cause de leur prix élevé ; on a tout avantage à
adapter un autre dispositif pour ce genre de travail.

Les cartons multiplicateurs peuvent s'adapter à tous
les appareils touristes munis d'une rainure pour glace

2

orthochromatique. **Pour** les autres appareils, la feuille de carton peut **être** remplacée par un cache en papier aiguille qui masque les 3/4 ou les 7/8 de la plaque sensible. Cette feuille s'applique dans la rainure du corps arrière, où vient s'encastrer le châssis ; mais ce dernier dispositif n'est possible que pour les appareils munis, pour les châssis, d'un accrochement à verrou. On fait sur la même plaque 4 ou 8 poses successives, en changeant chaque fois l'ouverture du multiplicateur.

Enfin pour les professionnels qui ont à exécuter un nombre considérable de bijoux photographiques portant la reproduction du même sujet, l'appareil timbre-poste est le moyen le plus pratique qui lui permettra un tirage rapide.

Cet appareil se compose d'une chambre noire sur laquelle sont montés 12 objectifs : en une seule pose. on obtient, sur une plaque 13×18, 12 clichés format bijou. Cet appareil se construit également pour donner 9 négatifs sur une plaque 9×12. On trouve actuellement dans le commerce, à un prix dérisoire, ce dernier modèle d'appareil muni d'un dispositif de mise au point automatique et à la dimension voulue pour reproductions d'après épreuves album ou visite.

Sans être indispensable pour l'obtention de photo-bijoux, l'appareil timbre-poste n'en est pas moins susceptible de rendre de réels services aux amateurs. Je ne parle pas du professionnel : l'acquisition d'un appareil à reproduction s'impose pour lui s'il veut éviter des pertes de temps préjudiciables.

Le cliché multiple est retouché soigneusement avant le tirage : la retouche est la plupart du temps insignifiante, car comme la photographie à reproduire est déjà retouchée, il n'y a généralement pour toute retouche à effectuer que quelques picotures à faire disparaître, il est préférable de n'avoir aucune retouche à faire sur l'épreuve positive que nous allons tirer.

TIRAGE DES ÉPREUVES

Le choix du papier n'est pas sans importance pour l'obtention de simili-émaux parfaits ; il faut avant tout que l'image adhère intimement au support en celluloïd. Parmi les papiers à noircissement direct, le papier au citrate brillant est celui qui donne les meilleurs résultats.

Les épreuves sur papier au citrate laissent malheureusement à désirer au point de vue de la stabilité et de la permanence par suite de la sulfuration qui se produit lorsque les épreuves ont été mal virées. Le bromure présente à ce point de vue un très grand avantage, car les images obtenues par développement sur papier au bromure sont d'une permanence absolue lorsqu'elles ont été *fixées* et *lavées* bien à fond ; et il faut mentionner en passant qu'un fixage complet est tout aussi essentiel pour la conservation des épreuves qu'un bon lavage.

Le bromure est en outre particulièrement avantageux lorsqu'il s'agit de tirer un très grand nombre d'épreuves d'un même sujet. On choisira, parmi les papiers au bromure, un papier brillant à support mince.

Les épreuves au bromure virées au sépia par sulfuration (blanchiment dans une solution de ferricyanure et de bromure de potassium et immersion de l'image blanchie dans un bain dilué de sulfure de sodium) offrent les mêmes garanties de conservation que les images originales sur bromure : on pourra donc utiliser ce procédé pour l'obtention de simili-émaux tons chauds.

Les autres procédés de photocopie, le procédé au charbon en particulier, peuvent également être employés ici : le procédé au charbon, par la finesse des images et par la variété des teintes qu'il permet d'obtenir, est même de beaucoup préférable aux autres ; mais les manipulations diffèrent quelque peu et nous y reviendrons plus loin dans un chapitre spécial.

Nous choisirons comme point de départ de la confection du bijou photographique l'épreuve sur papier aux sels d'argent ; ce mode de tirage est en effet, de par sa simplicité, celui qui se prête le mieux à l'exécution courante des simili-émaux.

Le tirage de l'épreuve n'offre rien de particulier, les manipulations se font de la façon usuelle et se terminent par un lavage prolongé, de préférence sous un filet d'eau courante. Si l'élimination des sels a été parfaite, l'image que les opérations subséquentes mettent complètement à l'abri de l'air et de son action destructive pourra se conserver indéfiniment ; on ne saurait donc trop insister sur ce point que l'élimination de l'hyposulfite doit être complète.

Le lavage terminé, l'épreuve est essorée avec un buvard blanc et mise à sécher. Aussitôt sèche on la met dans un châssis-presse, entre les feuillets d'un fort volume si on le préfère, afin de lui donner une surface parfaitement plane. C'est à ce moment si on voulait faire une miniature, qu'il faudrait colorier la photographie.

SIMILI-ÉMAUX EN COULEURS

Les couleurs employées pour le coloriage des photographies destinées à la confection des bijoux photographiques sont généralement les couleurs d'aniline. Cependant, en raison de leur peu de stabilité, elles sont parfois remplacées par les couleurs spéciales pour photominiature.

Suivant que l'on emploie l'une ou l'autre de ces deux méthodes, les couleurs sont appliquées avant ou après le montage de l'épreuve sur celluloïd. J'ai dit plus haut que l'épreuve doit être coloriée après sa dessiccation parce que presque toujours ce sont les couleurs d'aniline qui ont la préférence en raison de la facilité de leur emploi. Elles peuvent être en effet appliquées par toute personne sans la moindre connaissance de la peinture : l'opération se borne à l'application d'une teinte plate sur les cheveux, les vêtements et la figure.

Les couleurs d'aniline parfois ne prennent pas facilement sur les photographies glacées ; il suffit d'humecter l'épreuve avec un peu de salive pour que les couleurs prennent aussitôt.

Le procédé de coloriage à l'aniline présente un grand inconvénient : ces couleurs sont très solubles dans l'eau et plus solubles dans l'alcool, aussi doit-on modifier un peu la suite des opérations pour éviter que les teintes ne s'étendent et ne se confondent sur toute la surface de l'image.

Un autre procédé de coloriage consiste à employer les couleurs pour la photominiature. Dans ce cas, l'épreuve est d'abord montée sur celluloïd, puis rendue transparente par ponçage avant l'application des couleurs. Il est préférable cependant, dans ce cas, d'employer un papier pelliculaire dont le report se fait sur celluloïd et qui évite le ponçage et par suite les accidents qui peuvent en résulter.

En principe, nous adopterons le procédé aux couleurs d'aniline pour les épreuves sur papier au citrate et le procédé photominiature pour les épreuves pelliculaires.

MONTAGE SUR CELLULOÏD

L'opération du montage sur celluloïd est peut-être la plus délicate à conduire ; c'est d'elle en effet que dépend en grande partie la réussite du bijou photographique. On ne saurait donc apporter trop de soins pour assurer l'adhérence la plus parfaite entre l'image photographique et la feuille protectrice en celluloïd ; il faut que les deux feuilles appliquées l'une contre l'autre ne fassent plus qu'un seul tout. Il faut surtout veiller à ce qu'aucune bulle d'air ne reste emprisonnée entre les deux surfaces en contact. Différents procédés nous l'avons vu plus haut, peuvent être appliqués pour le montage de l'épreuve : suivant les cas on pourra employer le montage par l'alcool et à chaud ou le montage par adhésif ; enfin pour les procédés pelliculaires : papiers transfert ou au charbon, le montage se fera à la gélatine.

Montage à chaud par l'alcool. — Ce procédé convient particulièrement pour les papiers au citrate ou au bromure, non colorés à l'aniline. C'est le procédé le plus en usage parmi les professionnels et aussi celui qui permet d'assurer le plus rapidement la confection du bijou photographique.

Le matériel nécessaire se compose d'une cuvette de la dimension des planches à monter (13 $\times$ 18 pour les planches 12 × 16), d'une ou plusieurs feuilles de celluloïd minces et découpées à une dimension légèrement supérieure à celle des planches à monter, d'un

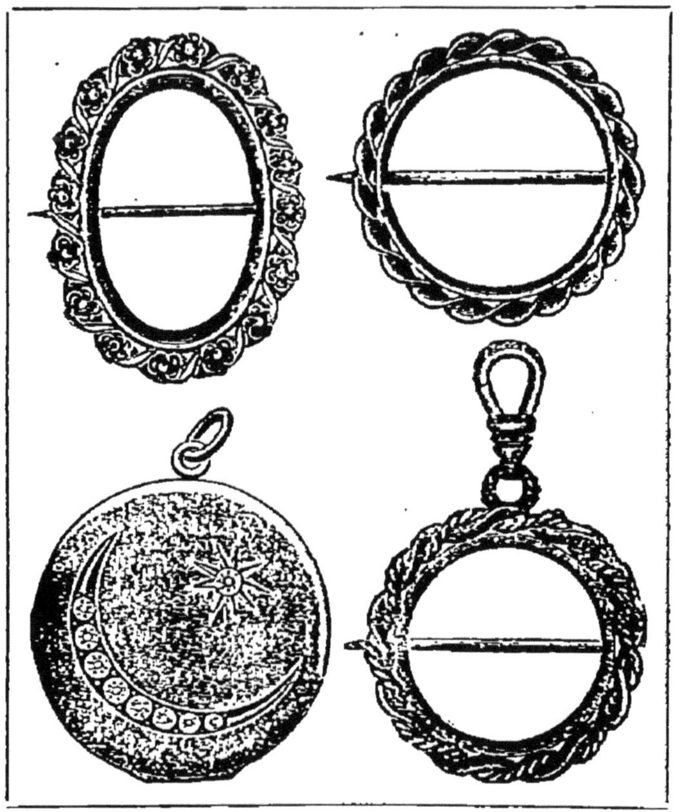

Spécimens de montures pour Photo-bijoux.

rouleau massif en fonte avec table également en fonte et parfaitement planée.

A défaut de rouleau on peut employer la presse à satiner à chaud, en interposant un carton entre le papier et le rouleau de la presse, et en faisant porter le couteau sur la feuille de celluloïd.

Le rouleau ou la presse, suivant le cas, doivent être chauffés modérément : il ne faut pas oublier en effet que le celluloïd est une matière très inflammable, qu'il se décompose à 130° et déflagre à une température proche de 170°. La température du rouleau n'atteint jamais 100°, il est néanmoins bon de ne pas perdre ce point de vue que la manipulation du celluloïd, sans présenter aucun danger immédiat, n'en demande pas moins autant de précautions que la manipulation des liquides inflammables.

J'ai dit que la température du rouleau ou de la presse ne devait jamais atteindre 100° ; la température doit être telle que le rouleau puisse toujours être tenu dans la main nue. On vérifiera la température de la presse à satiner par une méthode analogue, en appuyant la paume de la main sur le couteau.

Pour les amateurs qui n'aurait à leur disposition ni presse, ni rouleau, un fer à repasser plat remplira le même office.

Dès que le rouleau a atteint la température voulue, on verse dans la cuvette une quantité d'alcool pur à 90° suffisante pour couvrir complètement l'épreuve et on y plonge celle-ci face en dessus et en la retournant de façon qu'elle soit bien humectée. On la laisse environ une minute dans l'alcool, puis on la porte sur la table de fonte, face en dessus, on la recouvre de la feuille de celluloïd et on essore avec un buvard blanc pour enlever l'excès de liquide. On commence alors à passer lentement et régulièrement le rouleau ou le fer sur la surface du celluloïd, en surveillant soigneusement les endroits où pourraient rester emprisonnées les bulles d'air.

La dessiccation se fait rapidement et quand elle est terminée, l'épreuve photographique doit adhérer intimement à la surface du celluloïd. L'ensemble présente alors cet aspect attrayant qui a valu au procédé son nom de simili-émail.

L'épreuve est dès lors prête à être découpée et

montée ; cette partie du travail est purement mécanique et se fait en quelques instants.

Montage au vernis à base de celluloïd. — Il existe un procédé de montage beaucoup plus simple encore et qui consiste à coller l'image photographique sur la feuille de celluloïd au moyen d'un vernis à base de celluloïd.

On prend une pellicule ordinaire en celluloïd et après l'avoir débarrassée de la gélatine qui la recouvre, et soigneusement nettoyée, on la découpe en petits morceaux qu'on fait dissoudre dans un mélange d'acétone et d'acétate d'amyle. Il faut que le vernis ait une certaine consistance et qu'il puisse cependant s'étendre facilement. On pourra adopter les proportions suivantes :

<pre>
Rognures de celluloïd . . . .   10 gr.
Acétate d'amyle . . . .   250 cm²
Acétone . . . .   250 cm³
</pre>

Les épreuves à coller sont enduites, du côté de l'image d'une couche bien régulière de ce vernis, puis on les applique immédiatement sur la feuille de celluloïd, on donne un coup de raclette, ou bien on met sous presse pour chasser les bulles d'air, puis on laisse sécher à l'air libre. Cette composition est très inflammable et il convient de ne pas s'en servir à proximité d'une lampe ou d'un réchaud allumé.

Montage par adhésif. — Ces procédés de montage sur celluloïd seraient impraticables, ou tout au moins présenteraient de sérieuses difficultés, si l'épreuve photographique avait été précédemment coloriée à l'aniline. Nous avons vu en effet que les couleurs d'aniline sont très solubles ; immergée dans l'alcool pur, la photographie se décolorerait complètement, ou bien, ce qui serait encore plus fàcheux, les teintes se fondraient et empiéteraient les unes sur les autres. Pour y remédier, il n'y aurait d'autre ressource que de renoncer au coloriage direct sur l'épreuve pour adopter le coloriage par transparence, c'est-à-dire par l'application de la couleur au dos de la photographie rendue transparente par un ponçage et au moyen d'un enduit spécial dont voici la formule :

<pre>
Baume de Canada . . . .   25 gr.
Essence de térébentine rectifiée. . .   125 —
</pre>

Ce mode de coloriage a l'avantage de donner des teintes beaucoup plus stables, mais il exige de la part de l'opérateur une pratique suivie et une grande habitude de la photominiature. Rien ne défigure davantage une photographie, en effet, qu'un coup de pinceau maladroit.

Afin de garder à l'épreuve photographique coloriée l'aspect qu'elle avait avant le montage sur celluloïd, nous emploierons pour la fixer à son support une colle spéciale dite adhésif et qui sert également pour le montage des photographies sur les verres bombés pour photominiature. L'opération n'offre rien de particulier : le collage se fait à froid et les mêmes précautions sont à prendre pour éviter les bulles d'air. On emploiera dans ce but le rouleau dont il a été question précédemment ; on pourra même le chauffer légèrement pour activer la dessiccation de l'épreuve. Le montage à froid par adhésif donne un aspect moins brillant à la photographie.

Au lieu d'employer l'adhésif pour photominiature on pourrait utiliser avantageusement une solution tiède de gélatine.

Mais cette façon d'opérer ne peut être employée que pour les épreuves non coloriées, à moins de prendre de grandes précautions et de conduire très rapidement l'opération. Avec les papiers au bromure, cette méthode est celle qui donne les meilleurs résultats. On choisit une feuille de celluloïd de dimensions légèrement supérieures à celles de l'épreuve à monter. Cette feuille est fixée au moyen de punaises sur une planchette parfaitement plane. On prépare d'un autre côté une solution à 5 0 0 de gélatine pour émulsions Drescher ou Nelson, on verse une partie de cette solution dans une cuvette dont on maintient la température entre 20 et 25°, puis avec un blaireau ou un pinceau doux on étend une couche de cette solution ; dès que la feuille de celluloïd est recouverte de gélatine on saisit l'épreuve à monter par les angles et on la plonge face en dessous dans la cuvette contenant la solution gélatineuse et en tirant à soi de façon à ce que le liquide imbibe toute la surface de l'épreuve, on répète l'opération dans l'autre sens et rapidement on porte l'épreuve sur la feuille de celluloïd, où on l'applique gélatine contre gélatine. On interpose une feuille de buvard et avec le rouleau légèrement chauffé (25° on chasse les bulles d'air qui pourraient se trouver emprisonnées entre les deux surfaces en contact. La chaleur du rouleau empêche la gélatine de faire prise immédiatement et facilite l'expulsion des bulles d'air. Toutefois il ne faut pas élever la température sous peine de voir la couche de gélatine fondre et l'image se déformer. Il suffit de passer le rouleau une ou deux fois dans chaque sens. L'épreuve sèche lentement et il est bon de la placer dans un courant d'air ou de l'exposer à une chaleur très douce.

Ce mode de montage sur celluloïd convient encore pour les images pelliculaires c'est-à-dire obtenues sur un papier qui ne sert que de support provisoire à l'image. Dans ces papiers, l'image est formée sur une pellicule qui, au contact de l'eau chaude, abandonne son support. Nous étudierons ce procédé dans un chapitre spécial.

En résumé, nous adopterons, pour le montage de

l'épreuve, le procédé par l'alcool à chaud pour les papiers au citrate (non coloriés), comme donnant les images les plus brillantes ; le procédé par adhésif à froid pour les épreuves coloriées ; le procédé à la gélatine et au vernis à base de celluloïd pour les papiers au gélatino-bromure ou les papiers à transfert.

L'épreuve une fois montée, il faut attendre sa dessiccation complète avant de procéder à la confection du bouton photographique. Je dis bouton parce que, après cette première phase de l'opération, le simili-émail a l'aspect d'un bouton bombé, sans monture apparente, et c'est en l'enchâssant dans une monture *ad hoc* qu'il deviendra, suivant les circonstances, broche, épingle, breloque, etc.

SIMILI-ÉMAUX INALTÉRABLES

Papiers au Charbon. — Procédés Pelliculaires

Le grand reproche que l'on pourrait faire aux simili-émaux, c'est que leur durée est relativement courte et que malgré toutes les précautions prises, leur éclat se ternit assez rapidement. Le reproche est parfaitement fondé et nous ne pouvons qu'en reconnaître la justesse : il existe cependant, indépendamment des procédés aux sels d'argent, un procédé de tirage photographique qui permet d'obtenir des simili-émaux absolument inaltérables et en plus de diverses couleurs.

Le procédé au charbon, en effet, convient merveilleusement, et mieux que tout autre, en raison de son extrême délicatesse, pour ces charmantes reproductions.

Mais si le procédé au charbon offre d'inappréciables avantages, il présente un grand inconvénient, c'est que la pratique en est assez délicate : clichés retournés ou double transfert, tels sont tout d'abord les deux termes qui effraient le débutant. Je n'ai pas l'intention de donner ici un traité de photographie au charbon, mais je veux tout simplement exposer le plus brièvement possible la pratique du procédé en vue de son application au simili-émail.

Tout d'abord nous avons à choisir entre deux méthodes : ou bien l'emploi du papier au charbon, ou bien l'emploi des pellicules souples au charbon.

Dans le premier cas, on sensibilise le papier, la veille pour le lendemain, dans un bain de bichromate dont la formule est indiquée par le fabricant, dans chaque pochette. Toutefois je préfère la formule suivante qui donne une finesse beaucoup plus grande et rend le dépouillement de l'image beaucoup plus facile :

Bichromate de potasse	10 gr.
Acide citrique	2 — 5
Eau	500 cm³.

Ajouter de l'ammoniaque goutte à goutte jusqu'à coloration jaune limon.

Le papier est exposé sous un négatif retourné, c'est-à-dire obtenu par transparence d'après un positif placé la gélatine du côté opposé à l'objectif. Si l'on fait une réduction d'après une photographie du format visite ou album, on obtiendra un négatif retourné en plaçant la plaque à l'envers dans le châssis, c'est-à-dire le côté verre à l'extérieur et le côté gélatine à l'intérieur, en ayant soin de protéger celui-ci contre les égratignures que pourrait produire le ressort du fond du châssis, par une feuille de papier aiguille de la même dimension que la plaque et appliquée contre la gélatine. Pour la mise au point, on tient compte de la différence de foyer et on avance la crémaillère de l'épaisseur de la plaque, c'est-à-dire 2 mm. environ, quand la mise au point est faite sur le verre dépoli.

Au sortir du châssis-presse, la feuille de papier au charbon est trempée dans l'eau froide et appliquée sur une feuille de celluloïd, fixée sur une planchette et préalablement recouverte d'une solution de gélatine. On racle pour chasser les bulles d'air et on laisse sécher. Quand la dessiccation est complète, on plonge le tout dans l'eau tiède ; le papier se détache, abandonnant le pigment sur la feuille de celluloïd. On procède au dépouillement comme l'ordinaire, à l'eau chaude ;

quand l'image est bien claire, on plonge la feuille de celluloïd dans l'eau fraîche et on applique à la surface de la gélatine une feuille de papier albuminé brillant non sensible. On donne un coup de raclette pour chasser les bulles d'air et on laisse sécher. Comme on l'a remarqué, nous avons une épreuve retournée, mais qui se trouve être dans son vrai sens parce que nous avons employé un négatif retourné.

L'emploi des pellicules souples au charbon évite le retournement du cliché et réduit le procédé au charbon à la simplicité des tirages aux sels d'argent.

Le pigment gélatineux est ici étendu sur une pellicule très mince en celluloïd transparent. Cette pellicule est sensibilisée au bichromate comme les papiers au charbon et on peut employer dans ce but soit le bain indiqué par le fabricant, soit le bain dont la formule est donnée ci-dessus.

L'impression se fait à travers la feuille de celluloïd, c'est-à-dire que la pellicule au lieu d'être appliquée sur le cliché gélatine contre gélatine y est appliquée celluloïd contre gélatine. L'impression est surveillée au moyen du photomètre, et l'épreuve au sortir du châssis est immédiatement dépouillée à l'eau chaude comme pour le papier au charbon. Je n'entre pas dans les détails de cette opération, on trouvera dans la notice qui accompagne chaque pochette des renseignements suffisants pour se guider.

Quand l'image est suffisamment claire et que la gélatine colorée a cessé de couler à la surface de l'épreuve, on plonge la pellicule dans l'eau fraîche et on la reporte immédiatement sur la feuille de celluloïd spécial recouverte d'une solution de gélatine, comme je l'ai indiqué plus haut. On donne un léger coup de rouleau pour faire adhérer les deux couches de gélatine (car il est bien entendu que ce report se fait gélatine contre gélatine), et chasser les bulles d'air, après quoi l'épreuve est laissée à sécher, ce qui demande un temps assez long. Quand la dessiccation est terminée, la pellicule de celluloïd qui portait le pigment se détache de l'épreuve, abandonnant parfois à la surface de celle-ci des traces de la solution de caoutchouc interposée entre le celluloïd et le pigment. Avec une touffe de coton trempée dans la benzine, on éclaircira complètement l'image, puis pour mettre les blancs en relief on plonge une feuille de papier albuminé brillant non sensible dans la cuvette contenant la solution tiède de gélatine et on la reporte sur l'épreuve en ayant soin de donner un coup de rouleau ou de raclette pour chasser les bulles d'air.

L'emploi des papiers pelliculaires pour le similiémail n'offre d'avantage réel sur les procédés ordinaires à noircissement direct que si on colorie l'épreuve par le procédé photominiature. Dans ce cas, le coloriage se fait après l'application de l'épreuve sur celluloïd, application qui se fait par un des procédés à la gélatine. Après coloriage, l'épreuve est doublée au moyen d'une simple feuille de papier blanc. Il est inutile de fixer le papier au dos de l'épreuve : il suffira de découper en même temps que les épreuves un certain nombre de rondelles et de les appliquer entre le fond en métal et l'épreuve, lors du montage.

Ce procédé est peut-être un peu plus long que le procédé par noircissement direct aux sels d'argent, mais il a sur tous les autres l'inappréciable avantage de donner des épreuves absolument inaltérables et de teintes aussi variées que possible. Aussi est-ce ce procédé qui mérite le plus l'attention des amateurs.

On trouve actuellement dans le commerce les pellicules souples au charbon qui évitent le double transfert ou le retournement du cliché et grâce à cette nouvelle simplification, le procédé au charbon peut être abordé avec chances de succès par tous les amateurs.

MONTAGE DU SIMILI-ÉMAIL

Cette partie du travail devient purement mécanique et la série des opérations qui la constituent demande beauçoup moins de temps qu'il n'en faut pour la décrire.

L'épreuve photographique, telle que nous l'avons abandonnée pour la laisser sécher après le montage sur celluloïd, a tout à fait l'apparence d'une plaque d'émail : mais si elle en a l'apparence, elle n'en a nullement la rigidité, et enchâssée dans ces conditions dans une monture métallique, elle ne tarderait pas à être détériorée.

Il lui manque, de plus, cette forme bombée caractéristique des émaux. Afin de donner au simili-émail ces qualités qui lui manquent, on commence par l'appliquer sur un fond métallique légèrement bombé, et c'est ce fond qui assurera la solidité du simili-émail.

La première opération du montage proprement dite est le découpage de l'épreuve. On se sert pour cela d'un emporte-pièce (fig. page 35) qui coupe toutes les épreuves au format voulu. Le découpage ne doit pas être fait avant la dessiccation complète de l'épreuve appliquée sur celluloïd.

Les machines employées dans la fabrication des bijoux photographiques sont de différents modèles ; mais toutes se ramènent au même principe, un jeu de rois dés actionnés par un levier et qui emboutissent les

différentes parties qui constituent le bouton photographique.

Nous donnons ci-contre le dessin d'une machine
actionnée au moyen d'une pédale. A côté se trouve le
jeu de dés qui servent à l'emboutissage. Les deux dés

Emporte-pièce.

du bas sont montés à écrou sur une pièce pivotante de
façon à pouvoir être amenés successivement sous la
matrice du haut, commandée directement par le levier,
et à pouvoir être remplacés par un nouveau jeu pour
chaque dimension de bijoux.

Les détails de construction de ces machines peuvent
varier, mais le principe reste toujours le même. Nous

donnons le dessin d'une machine actionnée à la main
et celui d'une machine du même genre dans laquelle
les dés peuvent être fixés de façon automatique, sans
pas de vis, au moyen d'un criquet à ressort.

Quant aux parties constitutives du bouton, elles varient
également suivant la destination dernière à laquelle on
les réserve.

Nous avons sous la main tous les éléments constitu-
tifs du bijou photographique; pour le confectionner, il
nous suffira maintenant de deux coups de levier.

Le fond métallique du bijou est placé dans le dé qui se
trouve à droite de la pièce pivotante ; au-dessus nous
plaçons l'épreuve photographique coupée à la dimen-

Machine à main.

sion voulue : un premier coup de levier, et l'épreuve
avec le fond en métal se trouve encastrée dans la matrice
n° 2. Sous cette matrice nous amenons le dé n° 3 et nous
y plaçons une monture simple ; un second coup de
levier et la monture se trouve sertie dans le fond
métallique ; le bouton proprement dit se trouve terminé et il reste à lui donner son apparence dernière
en le plaçant dans une monture ornementée.

Ce mode de fabrication permet de livrer des simili-
émaux dont la monture est absolument invisible. Les
formats peuvent varier, et il n'y a d'autre limite que
celle des matrices : pour la fabrication des grands
médaillons ronds ou ovales; il existe des machines plus
fortes et appropriées à ce genre de travail. J'ai voulu

décrire ici surtout le matériel d'amateurs et de professionnels pour les articles de fabrication courante. Avant
de terminer, je dois dire un mot cependant d'un procédé sinon plus simple, du moins plus à la portée des
amateurs qui ne veulent pas faire une grande dépense
pour cette branche accessoire de l'art photographique.

Machine à main (automatique).

Le prix du matériel complet ne dépasse pas 15 francs.
C'est dire qu'il est à la portée de tous.

Le mode opératoire, varie un peu de celui que nous
avons vu précédemment : cela tient à la forme des montures qui varie un peu, à la machine en particulier,
qui est réduite à l'extrême simplicité.

D'abord ici, l'épreuve photographique est découpée
avant le montage sur celluloïd et fixée sur une feuille
de celluloïd coupée à une dimension légèrement supé-

rieure. Le fixage s'opère par un des procédés décrits plus haut.

Machine à pédale.

Aussitôt sèche, l'épreuve, saisie par les bords et légèrement pliée entre le pouce et l'index, est introduite dans une monture première formée d'un fond plat replié en dessus de façon à retenir l'épreuve par les bords sur tout le pourtour. Il faut veiller à ce que l'épreuve soit bien engagée tout autour sous le rebord du culot métallique.

L'ensemble est alors porté sous la presse et placé sur une enclume spéciale; on donne un coup de levier: les bords du fond en métal sont aplatis et l'image se trouve fixée solidement. Pour lui donner la forme bombée des émaux photographiques, on la place sur la seconde enclume, on donne un nouveau coup de levier et l'opération est terminée.

La monture est ici visible sur tout le pourtour, mais cela n'offre aucun inconvénient, car on trouve facilement dans le commerce des montures spéciales qui masquent cette partie métallique. L'image photographique est fixée dans une de ces montures soit par sertissage, soit par une série de griffes en métal qui la maintiennent en place.

Le procédé simili-émail est, on le voit, d'une extrême simplicité. Mais, en dehors de son application à la confection des bijoux photographiques, il offre encore une foule de ressources aux amateurs en quête d'originalité.

Vous avez remarqué un jour une carte postale au bromure artistique; la carte en elle-même n'a aucune valeur, mais peut-être la même photographie sur plaque opale aurait-elle plus d'attrait. Rien n'est plus facile que d'obtenir, sans reproduction à la chambre noire, une opaline parfaite ou un simili-émail.

L'épreuve au bromure est montée, par un des procédés indiqués plus haut, sur une feuille de celluloïd, brillant pour l'émail, mat pour l'opaline, et de dimensions supérieures. Quand la dessiccation est complète, on place au dos de l'épreuve un verre biseauté, comme ceux employés dans la confection des cadres-chevalets ; on replie les quatre côtés de la feuille de celluloïd sur le dos de la glace biseautée et on fixe le celluloïd soit à la colle forte, soit, ce qui est préférable, avec une solution de celluloïd dans l'acétate d'amyle ; on a ainsi une soudure autogène beaucoup plus résistante. Une feuille de papier pour couvrir le dos de la glace et cacher les raccords, et on obtient une épreuve qui sort de l'ordinaire, avec toute l'apparence d'une photographie obtenue sur plaque opale ou vitrifiée, suivant les cas, tout en étant d'un prix de revient insignifiant.

On objectera sans doute qu'il serait plus simple de tirer une photographie sur plaque opale. Mais d'abord, la manipulation exige un châssis spécial à ventouse ; ensuite, leur prix de revient est assez élevé. Le montage sur celluloïd offre l'avantage d'être très simple et de se prêter à une foule de combinaisons de formes et de dimensions que ne permet pas la plaque opale. Rien n'est plus facile en effet, que d'obtenir un vitrail photographique en montant entre deux verres une feuille de celluloïd mat sur laquelle on a fixé à la gélatine des épreuves pelliculaires ou au charbon.

Les ressources qu'offre ce procédé sont, on le voit, très nombreuses, et l'opérateur saura lui-même découvrir une foule de nouvelles applications conformes à ses goûts et à ses aptitudes.

PETITE BIBLIOTHÈQUE DE LA PHOTO-REVUE
0.60 le volume (0.75 franco)

Série Orange

Série Bleue

Cette série sera continuée.

OUVRAGES ILLUSTRÉS
par la Photographie d'après nature

BRÉBISSON (R. DE).   Souvenirs d'un Amateur-Photographe (1839-1872) réunis et mis en ordre. Une brochure de 76 pages 25×18 avec planches, reproductions et autographes . . . . fr. **3 50**

CLARETIE (JULES).   Mariage Manqué. 1 vol. in-8º de 26 p. illustré par la photographie d'après nature . . . . fr. **6 »**
Tirage à 500 exemplaires numérotés.

DAUDET (ALPHONSE).   L'Elixir du Révérend Père Gaucher. Texte de A. DAUDET, illustration photographique d'après nature de H. MAGRON.
Il a été tiré de cet ouvrage :
400 exemplaires imprimés sur papier vergé à la cuve numérotés de 102 à 501 . . . . fr. **25 »**
Planches héliographiques, photogravure en creux, de P. DUJARDIN, tirées dans le texte, sur les presses de EUDES et CHASSEPOT, typographie en caractères gothiques de MERSCH, couverture artistique en couleurs tirée en héliogravure.
Cet ouvrage a obtenu :
Le Diplôme d'honneur à l'Exposition du Livre, 1894. La Grande Médaille de Vermeil, décernée par la Société française de Photographie, à la meilleure application de la photographie à l'illustration du Livre : Les deux plus hautes récompenses.

GRUYER (PAUL).   Victor Hugo photographe. Bel album grand format (25×33) de 48 planches photographiques de pleine page, avec texte et encadrements en deux couleurs . . . . fr. **6 »**
Il a été tiré de cet ouvrage :
10 exemplaires sur Hollande, avec tirage à part des planches et suites sur Chine, avant la lettre ; numérotés de 1 à 10 . . . . fr. **100 »**
40 exemplaires sur Hollande, avec tirage à part des planches ; numérotés de 11 à 50 . . . . fr. **40 »**

LECLERC (ÉMILE)   Croquis Parisiens. Une jolie plaquette sur beau papier avec 46 illustrations phototypiques de Grossberger. fr. **3 50**

ÉPREUVES ARTISTIQUES D'APRÈS NATURE

Reproduction par l'Héliogravure de trois compositions choisies parmi celles qui ont le plus contribué à la consécration du remarquable talent de M. BOISSONNAS.

1º **Les Troglodytes.** — Cette planche devenue classique est indiscutablement la plus belle composition photographique d'après nature qui ait été faite.
Reproduite par l'héliogravure, elle mesure 1m05 de haut sur 0m80 de large . . . . fr. **20 »**

2º **Etude de tête.** — Magnifique planche reproduite par l'héliogravure mesurant 0m80 sur 0m60 . . . . fr. **12 »**

3º **Effet de neige sous bois.** — Magnifique planche reproduite par l'héliogravure mesurant 1m05 sur 0m80 . . . . fr. **10 »**

L'exécution matérielle de ces planches a été l'objet d'une sollicitude toute particulière. L'éditeur a tenu à honneur d'obtenir un résultat digne des compositions qu'il avait à interpréter. — Il semble impossible de trouver des estampes plus harmonieuses dans l'ensemble comme aussi plus expressives dans le rendu, même dans l'œuvre de nos aquafortistes les plus estimés.

A LA MÊME LIBRAIRIE

ARGY (D') **Les Téléphones à Haute voix**. 1 vol. in-16 de 122 p. avec 17 croquis originaux . . . . fr. **2** «

BERGMANN (F.). **Le Petit Electricien.** 4e édition, 1 vol. in-16 de 80 p., illustré de 55 fig. et plans de pose . . . . fr. **1** »

COUPIN (H.) Doct. ès-scienc. **Ce qu'on peut voir avec un petit Microscope.** 1 vol. in-16 de 120 p. avec 10 pl. renfermant 263 fig. dessinées d'après nature par l'auteur . . . . fr. **2** »

DONNADIEU (A.-L.) **St Suaire de Turin devant la Science (Le)** 1 vol. in-8o raisin avec nombreuses figures et planches hors texte . **10** »

DROUIN (F.). **L'Acétylène.** 2e édition, revue et augmentée, 1 vol. in-8o de 210 p. illustré de 52 fig. . . . . fr. **3 50**

GAILLARDIE (Dr). **Les Poids anciens des Villes de France** Un album in-4 écu relié pleine toile . . . . fr. **10** »

HUCHE (G). **Conseils pratiques aux amateurs d'électricité** pour la fabrication économique des piles, sonneries, accumulateurs, allumoirs, appareils de sûreté, etc., 5e édition revue et augmentée, 1 vol. in-16 de 72 pages, illustré de 59 figures . . . . **1** »

LABITTE (A.). **Les Manuscrits et l'Art de les orner.** La première partie de cet ouvrage est consacrée à un aperçu général sur les manuscrits et leur ornementation à toutes les époques ;
La deuxième contient des descriptions fac-similé et spécimens de manuscrits depuis le viiie siècle jusqu'au xviie siècle ;
La troisième traite de l'*Enluminure Moderne.*
Avec 286 reproductions, la plupart en pleine page . . . . . fr. **20** »
Il a été tiré de cet ouvrage 15 exemplaires numérotés à la presse sur papier du Japon . . . . fr. **100** »

LEMERCIER DE NEUVILLE. **Les Pupazzi Noirs.** Ombres animées, construction du théâtre, machination des personnages, intermèdes et pièces, cinquante-trois modèles d'ombres, cinquante-six planches détaillant le mécanisme. 1 vol. de 310 p. in-8o . . . . fr. **6** »

MATHET (L.). **L'Eclairage à l'Acétylène.** 1 brochure in-8o, illustrée d'un dessin . . . . fr. **0 50**

PERROUX (JULES). **Manière de fabriquer soi-même les Capuchons à incandescence par le gaz.** 3e édition. 1 brochure in-16 de 32 p. illustrée de 7 fig. . . . . fr. **1** »

ENCYCLOPÉDIE DE L'AMATEUR PHOTOGRAPHE

No 1. Choix du matériel et installation.
No 2. Mise au point ; temps de pose.
No 3. Les clichés négatifs.
No 4. Les épreuves positives.
No 5. Les insuccès et la retouche.
No 6. La photographie en plein air.
No 7. La photographie dans les appartements.
No 8. Les agrandissements et les projections.
No 9. Les objectifs et la stéréoscopie
No 10. La photographie en couleurs.

Chaque volume de 160 pages avec figures. . . . . fr. **2** »

GUIDES, RÉCITS DE VOYAGE, ETC.

BERGERET (Collection des Albums). — Albums grands in-4° de 100 Vues photocollographiques, sous couverture simili-japon :

Les Villes d'eaux de l'Est. — Album contenant 100 vues de sites les plus goûtés des principales villes de cette contrée ; ces vues sont groupées avec goût en pages in-4° raisin, tirées sur papier de luxe, le tout sous couverture illustrée . . . . fr. **3 50**

Huit jours dans les Vosges. — Album de même format, même genre, comprenant les principales villes des Vosges ; Gérardmer et ses environs, etc. . . . . fr. **3 50**

L'Hiver à Cannes. — Album comprenant Cannes et les principaux sites, le château-fort, le carnaval de Cannes, bataille de fleurs, etc. fr. **3 50**

La Côte-d'Azur. — De Saint-Raphaël à Menton, Fréjus, Cannes, Nice, Villefranche, Beaulieu, Monaco, Monte-Carlo, Menton . . . . . fr. **3 50**

Nancy. — Place Stanislas, Hôtel-de-Ville (intérieur et extérieur), Arc de Triomphe et tous les monuments et points intéressants de la ville. fr. **3 50**

Paris en Italie par le Saint-Gothard . . . . fr. **3 50**

Lucerne et ses environs. — 1 Album de 85 vues . . . . . fr. **3 50**

Guide-Album du Velay (Le Puy et ses environs) . . . . . . fr. **4 50**

BERTHAUT (LÉON). **Jumièges.** Notes historiques, pittoresques et archéologiques sur les ruines de l'Abbaye de Jumièges, avec reproductions photographiques de RENÉ DUVAL. . . . . fr. **3 50**

BERTOT (J.). **GUIDES DU CYCLISTE et du Chauffeur en France.** — (*Voir* page suivante).

BERTOT (J.). **PHOTO-GUIDES du Touriste aux Environs de Paris.** — (*Voir* page suivante).

BOISARD (P.). **Un Tour en Corse.** 1 vol. in-8°. . . . . fr. **3 »**
Récit de voyage, illustré par la Photographie d'après nature, contenant 21 phototypies dans le texte et 5 planches hors texte d'après les photographies de l'auteur.

DAULLIA (E.). **Le Tour du Mont-Blanc.** 1 vol. in-8° jésus de 305 p. illustré de 16 pl. en photocollographie . . . . fr. **7 50**

DAULLIA (E.). **Au Pays des Pyrénées.** Relation de voyage à Arles, Nimes, Cette, Narbonne, Toulouse, Luchon, Lourdes, Cauterets, Pau, Biarritz, Hendaye, Arcachon, Bordeaux. — 1 vol. broché in-8° raisin, avec 24 planches en photocollographie. . . . . fr. **10 »**

DE CAVILLY (GEORGES). **En Savoie (Huit jours en).** Excursions des membres du Congrès Photographique de 1902. 1 vol. in-8° jésus avec nombreuses photographies (27×19). . . . . fr. **5 »**

Toulouse, Carcassonne, Les Pyrénées. — Compte-rendu de la session du Congrès de Photographie 1901. — Une plaquette illustrée par la photographie d'après nature (27×19). . fr. **3 50**

DROUET (J.). **Guide de l'Amateur photographe à Nancy.**
fr. **0 50**

GUIDES DU CYCLISTE

et du Chauffeur en France, par J. Bertot

12 volumes 200 pages avec cartes, plans, itinéraires ; chaque volume relié toile . . . . fr. **2** »

1o De **Paris à Grenoble**, Lyon et Marseille (Haute-Bourgogne, Dauphiné, Provence. 1 volume.

2o De **Paris à Bordeaux**, Bayonne et La Rochelle (Touraine, Poitou, Bordelais). 1 volume.

3o De **Paris à Brest, Nantes** (Bretagne). 1 volume.

4o De **Paris à St-Malo**, Cherbourg et Le Havre (Normandie). 1 volume.

5o De **Paris à Metz** et Strasbourg (Champagne, Lorraine, Alsace). 1 volume.

6o De **Paris à Belfort** et Genève (Basse-Bourgogne, Franche-Comté, Jura, Vosges). 1 volume.

7o De **Paris à Perpignan** et Nîmes (Bourbonnais, Auvergne, Languedoc). 1 volume.

8o De **Paris à toutes les localités** des Environs, dans un rayon de 80 kilomètres. 1 volume.

9o **Excursions** aux environs de Paris. 1 volume.

10o Les **Côtes de France**, (Manche, Océan, Méditerranée). 1 vol.

11o De **Paris à Toulouse** et aux Pyrénées (Centre, Gascogne, Pyrénées). 1 volume.

12o De **Paris au Nord** de la France (Artois, Picardie, Haute-Champagne). 1 volume.

Avec le guide d'une région, on peut voyager, non seulement dans le sens de l'itinéraire qui sert de titre au volume, mais sur tous les itinéraires possibles, en suivant une orientation quelconque, de sorte que le cycliste qui possède la collection complète des Guides, peut parcourir la France en tous sens. Les **Guides Bertot** indiquent au touriste : les côtes les descentes ; la nature du sol ; l'aspect pittoresque de la contrée ; les rivières, torrents, fleuves, canaux, ruisseaux, voies ferrées qu'on traverse ; les points de repère propres à éviter les fausses directions ; les particularités notables de la route ; les villages, villes et hameaux rencontrés ; les points de vue remarquables ; *le kilométrage détaillé* de la route suivie et des routes adjacentes. Les **Guides Bertot**, clairement écrits, imprimés en beaux caractères, conviennent parfaitement à tous les cyclistes, à tous les voyageurs.

Bertot (J.).   **Carte du Cycliste aux environs de Paris**   2 »

PHOTO-GUIDES

du Touriste aux Environs de Paris, par J. Bertot

4 volumes illustrés de 400 dessins, par Conrad, et de 12 cartes et plans dressés sous la direction de l'auteur, indiquant les principaux sites à photographier et donnant à l'amateur toutes indications utiles pour ses excursions.

1er vol. Seine.

2e — Seine-et-Oise.

3e vol. Seine-et-Marne.

4e — Grande Banlieue.

Prix de chaque volume élégamment relié . . . . fr. **2 50**

PUBLICATIONS PÉRIODIQUES

AGENDA DU PHOTOGRAPHE ET DE L'AMATEUR. 1 vol. in-
jésus de 300 p. illustré de nombreuses gravures. Prix **1** fr ; franco **1** fr. **5**

L'Agenda CHARLES MENDEL paraît régulièrement tous les ans depuis 1895. Il est atten
chaque année avec impatience par les amateurs photographes, qui s'en disputent les éditions.
contient tous les ans de nombreux renseignements photographiques, un formulaire, une part
scientifique, une partie littéraire et humoristique très goûtée par les lecteurs.

**RÉPERTOIRE GÉNÉRAL DES MARQUES ET SPÉCIALITÉ
PHOTOGRAPHIQUES ET CINEMATOGRAPHIQUES,** contenar
classés par ordre alphabétique, les noms, marques donnés aux appareil
accessoires et produits photographiques ou cinématographiques, tant e
France qu'à l'Étranger, avec indication de la maison qui les fabrique ou le
fournit. — Un volume broché (24✕16) de 112 pages. . . . . . . fr. **3 5**

PHOTO-REVUE journal des Amateurs et des Photographes, *paraissa*
le dimanche. — En vente chez tous les Libraires
dans les Gares.

Le numéro . . . . fr. **0 1**
L'abonnement annuel. France et ses Colonies . . . . fr. **8**
—   —   Union postale. . . . . fr. **10**
Collections complètes de la *Photo-Revue :*
Du 15 avril 1893 au 15 avril 1895 (34 numéros) . . . . fr. **5**
— 15 — 1895 au 15 — 1896 (24 — . . . . fr. **3 5**
— 15 — 1896 au 15 — 1897 (24 — . . . . fr. **3 5**
— 15 — 1897 au 15 — 1898 (24 — . . . . fr. **3 5**
— 15 — 1898 au 15 — 1899 (24 — . . . . fr. **3 5**
— 15 — 1899 au 15 — 1900 (24 — . . . . fr. **3 5**
— 15 — 1900 au 1er janv 1901 (38 — . . . . fr. **4 5**
— 1er janv.1901 au 1er — 1902 (52 — . . . . fr. **6**
Chacune des années suivantes. . . . . fr. **6**

PHOTO-MAGAZINE Edition de Luxe de la **PHOTO-REVUE**
paraissant le même jour que l'édition ordinaire
L'abonnement annuel. France et ses Colonies . . . . fr. **12**
—   —   Union postale. . . . . fr. **15**
Cette publication, imprimée avec soin sur beau papier, comporte, outr
les matières contenues dans la **Photo-Revue**, un supplément littéraire e
artistique de huit pages avec planches et illustrations.
Elle s'adresse plus particulièrement aux amateurs qui s'intéressent à tou
ce qui touche aux diverses applications photographiques et notamment
l'illustration directe par la photographie d'après nature.
Collections complètes de *Photo-Magazine :*
Du 1er juillet 1904 au 1er janvier 1905. . . . . fr. **6**
Du 1er janvier 1905 au 1er — 1906. . . . . fr. **12**
Chacune des années suivantes . . . . fr. **12**

REVUE ILLUSTRÉE DE PHOTOGRAPHIE, donnant sous forme de fascicules *mensuels* tout ce qui constitue l'édition complète de luxe de la *Photo-Revue*, sauf la partie *Boîte aux lettres, Nouveautés, Annonces*.

Abonnement : { France et ses Colonies . . . . . fr. **8** par an.
               { Union postale. . . . . fr. **10** —

PHOTOGRAPHIE DES COULEURS (La) et la «**REVUE DES SCIENCES PHOTOGRAPHIQUES ET DE LEURS APPLICATIONS**» réunies. — Revue mensuelle paraissant depuis le 1er Juillet 1906.

Abonnement : { France et ses Colonies . . . . . . fr. **6** par an.
               { Union postale . . . . fr. **8** —

"TOUT-PHOTO" Annuaire des amateurs de photographie, est contenu dans l'*Agenda du Photographe* (Voir plus haut).

CONDITIONS DE VENTE

Dans le but de faciliter à MM. les amateurs désireux de les posséder, l'acquisition des *Collections de nos Publications*, nous accordons pour l'achat desdites collections, les facilités de paiement ci-après :

I. — La collection complète de la **PHOTO-REVUE** est livrée franco en France à réception d'un premier versement *d'un dixième*, le reste étant payable en *neuf trimestres*.

II. — La collection complète de **PHOTO-MAGAZINE** est livrée franco en France à réception d'un premier versement *d'un sixième*, le reste étant payable en *cinq trimestres*.

LE
SALON INTERNATIONAL
DU
PHOTO-CLUB DE PARIS
(1908)
par Cyrille MÉNARD

Un beau volume (30×24) soigneusement édité et luxueusement illustré par plus de 60 gravures, parmi lesquelles une douzaine de planches hors texte, reproduisant les plus beaux tableaux.

Prix : **10** francs

Carnets d'Excursions

de la *Photo-Revue*. — Petits carnets format de poche, tout préparés pour inscrire tous renseignements relatifs aux clichés qu'on a l'occasion de prendre au cours d'une excursion, avec toutes les indications utiles. — La douzaine 0 75, le cent 5 fr.

Envoi franco d'un carnet à titre de spécimen, sur simple demande.

Cartes Postales Illustrées

Nous avons établi pour nos Clients, des rectos de Cartes postales portant en impression typographique, les mentions exigées par l'Administration des Postes, et qu'il suffit de coller au dos d'une photographie sur papier quelconque, pour obtenir des Cartes postales illustrées. — Elles offrent aux Amateurs, l'avantage de leur permettre d'envoyer à leurs amis, sous forme de cartes postales, des photographies originales, dont la valeur est d'autant plus grande pour le Collectionneur, qu'on n'en trouve de semblables nulle part dans le commerce.

Le paquet de 25 rectos, **0.25** . . . . franco **0.35**

Classement des Clichés

Cahiers spéciaux pour le classement méthodique et facile des clichés négatifs avec feuilles de numéros à coller sur les clichés et étiquettes à coller sur les boîtes.

Le cahier **0.60**, franco **0.75**. — La douzaine **6 fr.**, franco **6 fr. 75**.

Photo-Charges

Dessins lithographiés, format 50-65, tirés en deux teintes et donnant à la reproduction l'illusion d'une photographie directe. Chacun de ces dessins représente un type déterminé, soldat, cuisinier, hercule, etc., *moins la tête*. On place dans l'échancrure réservée à cet effet la tête de la personne dont on veut faire le *portrait-charge* et on photographie le tout.

Un sujet au choix	2 fr.,	franco	2 25
Trois —	—	5 fr.	—	5 50
Six —	—	9 50	—	10 »

Albums

Albums de 12 feuillets pour coller les épreuves, cartonnés. — Article de **Réclame** très avantageux pour 6 1/2 × 9, **0.45** ; 9 × 12, **0.60** ; 13 × 18, **0.95**. — Par 12, 10 0/0 de remise. — Port en sus.

Stéréoscope de Poche.

Extrêmement léger, de format très réduit, s'adaptant à toutes les vues. — Indispensable aux amateurs pour leur permettre de voir les stéréogrammes collés dans un album ou imprimés dans un livre ou une publication, sans les détériorer. Prix : **1 fr.**

Franco **1 25**

9 782019 142308